Kaagaz Aur Khayal

लिखे लफ़्ज़ों से निकले जज़्बात

Kamal Aggarwal

BookLeaf Publishing
India | USA | UK

Made with ❤ on the BookLeaf Publishing Platform
www.bookleafpub.in
www.bookleafpub.com

Dedication

To my family and friends, whose love and support made everything possible.

Preface

Poetry has always been my way of making sense of emotions too deep for conversation. This collection, *Kaagaz aur khayal*, grew out of scattered thoughts written in silence. Some poems carry joy, others sorrow —but all are pieces of my journey. My only hope is that in these words, you find a reflection of your own story.

Acknowledgements

I would like to begin by expressing my heartfelt appreciation to my wonderful parents, for always supporting me in everything, and to my amazing friends, who encouraged me to pursue my talent and share my thoughts with the world.

I also extend my sincere thanks to Big Leaf Publishing House for this incredible opportunity, and for allowing the world to become a part of my thoughts as well!

उड़ान

हर सपने पे तेरे सवाल उठाए जाएंगे,
क्या ज़रूरत है इसकी, ऐसे कितने कह जाएंगे,
उस समय तुझे झुकना नहीं,
सर उठाकर चलना है,
क्योंकि लोगों को तो बोलना है,
और तुझे अनसुना करना है।

मंज़िल दूर तो है,
मैं जानता हूँ थोड़ा वक़्त लगेगा,
पर तुझे रुकना नहीं,
क्योंकि हर रात के बाद सवेरा है।

उम्मीद कई बार टूटेगी,
हौसले भी साथ छोड़ेंगे,
पर उस मंज़िल को याद करके,
फिर एक बार उठकर चलना है।

मुश्किल भी होगा, और सुनापन भी,
आँसू भी आएँगे और कुछ धोखे भी।
आएगा एक दिन वो भी,

जब मंज़िल भी होगी हाथ में,
और कई लोगों के मुँह पे ताले भी।

उस दिन, घमण्ड मत करना अपने कीर्तिमान पे,
क्योंकि अगर रुक गए उस दिन ही,
तो समझ लेना तुम जीते नहीं, पर हार गए।

ख़त

लिखा तेरे ख़्वाबों में ख़त मैंने,
ना जाने ऐसा लगा कि मिले नहीं तुझे।
हर दिन यूँही, दिन का हाल-चाल बयान कर देता हूँ उसमें,
कौन जाने, किसी रोज़, कोई ख़त तो पढ़े उसमें!

काश, कोई एक ख़त पढ़ा होगा,
तो पता चले मेरे दिन के बारे में,
कि मेरे दिन मेरा नहीं,
उसमें ज़िक्र सिर्फ तेरा होगा,

उस दिन, जब आख़िरी बार मिले थे हम,
उस पल को हर दिन जीता हूँ।
एक दिन यूँही, आ मिल के देख,
कैसे तेरी मिठास के इंतज़ार में बैठा रहता हूँ।

तुम भी जवाब दो मेरे ख़त का,
मेरे जीते जी नहीं, मेरे जाने के बाद जवाब दोगे मेरे ख़त का।

साया

लोग कहते हैं की बड़ों का साया,
कितना ज़रूरी होता है,
जो एहसास करता है, उसे ही मालूम होता है,
वो होते हैं, तो सब होता है,
वो नहीं होते, तो सब बिखरा सा लगता है,

जब वो थे, तब अंदाज़ा नहीं लगा,
पर जब वो नहीं हैं, तो घर हमेशा ख़ाली लगता,
की अभी एकदम से कमरे में आयेंगे और पूछेंगे मेरे दिन के बारे में,
पर अब वो आवाज़ सिर्फ मन में रह गई है,

भले ही उनकी सिर्फ तस्वीर है,
पर उनकी रूह अभी भी यहीं बस्ती है,
ऐसा महसूस होता जैसे साथ में खड़े होकर सब देख रहे हैं,
और मुझे समझा रहे हैं, की हमेशा हिम्मत रखनी है,
मैं नहीं हूँ, तो क्या हुआ, मेरी दी हुई सीख को अपने पास रखना है,

अक्सर रात में देर हो जाने पर वो जागकर इंतजार करते थे,
और हमे देखो, वो चले गए, और हम इंतज़ार भी नहीं कर रहे।

पिताजी

आपकी अहमियत को हम बयान नहीं कर सकते,
आपसे हैं हम, आपके बिना कुछ भी नहीं कर सकते।
हमेशा खड़े रहे हैं हमारे लिए,
बिना शिकायत किए, कितना कुछ करते हैं हमारे लिए।

हम जिस मुकाम पर हैं, उसकी वजह आप हैं,
आपसे ही तो हमारी हिम्मत है।
खुद का हाल कभी नहीं बताएंगे,
पर हमें कुछ होगा, तो कभी अकेला नहीं छोड़ेंगे।

साथ में कोई बैठा होगा,
तो पहला ग़स्सा उसे ही खिलाएंगे,
हम मना भी करेंगे, तब भी प्यार से मना लेंगे।

जानकार हो या अजनबी,
सबकी मदद के लिए सदैव तैयार रहते हैं।
लेने में नहीं, सिर्फ देने में विश्वास रखते हैं,

आपके जैसा प्यार शायद ही कोई और कर पाएगा,
आपके साथ बिताया हर लम्हा खास है।

तेरी मौजूदगी

आँखें बंद करूँ, तो उसका चेहरा सामने आता है।
मन उदास हो, तो उसका कंधा हमेशा तैयार रहता है।
कोई इतना प्यार करने वाला मिले,
तो नसीब सच में कितना अच्छा है।
मुश्किलें तो रहती ही हैं जीवन में,
लेकिन उसके साथ झेलना थोड़ा आसान हो जाता है।

उसकी एक हँसी से,
सारे दुख चुपचाप कोने में छुप जाते हैं।
वो बस हँसकर कह दे—
"सब ठीक हो जाएगा।"
और हौसला खुद-ब-खुद जाग उठता है।
अचानक से मिला यह इंसान,
कितना खास हो गया है।

ना होने पर उसके,
सब कुछ अधूरा सा लगता है।
जब मिलते हैं,
एक अलग खुशियों का माहौल बन जाता है।
कुछ तो बात है,

जो हर बार उसे देखकर,
फिर प्यार में गिर जाने का मन करता है।

दुआ

ये दिन, तू मौला मेरे, क्यों दिख रहा है?
खुद से, खुद के आगे, झुक सा रहा हूँ।

तू समझदार है, हिम्मत भी तू ही देता है,
पर फिर क्यों मैं इतना कमजोर हो रहा हूँ।

जानता हूँ, हज़ारों आते हैं तेरे दर पर दुआ लेने,
मैं भी कुछ फ़रियाद लेकर आया हूँ।

कुछ सवाल हैं तेरे इस बच्चे के मन में,
उनका जवाब लेने आया हूँ।

देख ज़रा, तेरे लिए फूल और प्रसाद भी साथ में हैं।
पर मैं भी कितना नादान हूँ।

मुझे पता है, जब कोई नहीं है,
तो तू ही खड़ा है।

पर मजबूर हूँ, बड़े टूटे मन से आया हूँ।
मानता हूँ, ये सब कहना गलत है,

पर किसी अपने से ही तो शिकायत करने आया हूँ।
एक विश्वास अभी भी कायम है, तुझे देखकर।

खाली हाथ और खफ़ा मन से आया था,
अब तेरा आशीर्वाद और दुआ लेकर जा रहा हूँ।

समाज

हुआ जग ये पराया एक पल में,
ना मानी समाज की कुछ बातें।

चाहते थे करूँ जो वही कहे,
बिन सोचे, बिन समझे, पकड़ लूँ उनके रास्ते।

अंधकार में जी रहे थे सब,
रोशनी को भूल से गए थे।
चल पड़े बस, तो सबको कर लें क़ैद,
जो भी आजाए उनके हाथों।

शुक्र है ऊपर वाले का,
मिली हिम्मत उनके आशीर्वाद से।

निकल पाया इस गुफा से,
देखने आज़ादी के रास्ते।

शब्द

कहने को बहुत कुछ है,
पर जब देखता हूँ तुम्हें सामने,
तो शांत हो जाता हूँ।

सोचता हूँ तुम्हें मिलने के बारे में,
और ख्यालों का एक खूबसूरत गुलदस्ता बना लेता हूँ।

पर जैसे ही तुम्हारी साँसों के करीब आता हूँ,
वो ख्याल कहीं छुप सा जाता है।

ऐसा लगता है, तुम्हारी रूह से मेरी रूह का मिलन हो गया हो,
जब तुम मुझे देखो, हँसकर, और गले लगा लेती हो।

आज भी कहने में डर सा लगता है,
कि क्या तुम्हारे मन में भी वही ख्वाहिशें हैं।

तुम्हारे दीदार में आज भी इस तरह मशगूल हूँ,
कि समय देखा, तो कुछ ही साल हुए हैं।

बस एक बार हिम्मत जुटाकर बताना चाहता हूँ,

कि तुम्हारे होने से मैं अधूरा सा, पूरा हो जाता हूँ।

हर सपने में तुम्हें ढूँढता हूँ,
हर दुआ में तुम्हें मांगता हूँ।

शायद एक दिन कहूँगा मन की बातें तुमसे,
और तुम बोलोगी–
"इतना वक्त लगा दिया कहने में ये सब!"

दोस्त

ज़िंदगी में कई लोग मिलते हैं,
पर खास कुछ ही बन पाते हैं।

समझाने वाले बहुत मिलते हैं,
पर बैठकर समझने वाले कुछ ही मिलते हैं।

वादे करने वाले बहुत मिलते हैं,
पर निभाने वाले उनमें से कुछ ही होते हैं।

कुछ लोग रोशनी की तरह होते हैं,
तुम्हें जब मिलते हैं,
ज़िंदगी को रोशन कर देते हैं।

चाँद तारे तो आजकल हर कोई तोड़ रहा,
पर साथ कौन खड़ा है,
जब तेरा मन रो रहा।

कोई नहीं बता सकता,
कौन कब तक तुम्हारे साथ है।
पर कुछ लोग हैं,

जिन पर तुम्हें विश्वास है।

कुछ ऐसा वक़्त होता है,
जो लगता कि काश थम जाए,
लगता कि बस यूँ ही चलता चला जाए।

ये जरूरी नहीं कि उनसे बातें रोज़ होती हों,
पर इतना जरूर है,
कि उनसे बात कोई छुपी नहीं रहती।

मेहफ़िल में तो हर कोई शामिल होता है,
पर दुख की शाम में कुछ ही आते हैं।

किसी तिजोरी में रखें सोने के बराबर होते हैं,
ऐसे लोग, जो तुम्हें अपना बनाते हैं।

नया शहर

नया शहर, नए लोग,
क्या होगा आगे, ये सोचा मैंने।
कई दिन ऐसे भी आए,
जब कुछ खाया नहीं मैंने।
ख्याल कई बार आया—
लौट चलूँ वापस अपने घर।
पर कुछ तो थी बात इस शहर में,
यही बन गया अब मेरा घर।

छोटे-छोटे काम में लगा दी पूरी लगन,
थोड़ा जोड़ा, थोड़ा खर्चा,
मन हुआ मस्त और मगन।
सोचा नहीं था,
ये शहर मुझे इस तरह अपनाएगा।
हर दिन यही सोचता—
"ये अच्छा वक्त कब आएगा?"

कब छंटेंगे ये घने बादल परेशानियों के,
कब कह सकूँगा—
"मैं लायक हूँ इस शहर के।"

सालों गुज़र गए इस जगह में मेरे,
अपना सा बन गया ये शहर।
पर माँ-बाप कभी ना आए,
कहते—"गाँव ही है अपना शहर।"

फिर भी लगता है—
ये शहर इस तरह रंग दिखाएगा,
कि हर मुश्किल, हर अकेलापन,
धीरे-धीरे पीछे छूट जाएगा।

अधूरा

उन कश्तियों का अब क्या मोल,
जो डूब गई हैं।

उन दिनों को अब क्यों याद करें,
जो बीत गए हैं।

उन लोगों की अब क्या अहमियत,
जो छोड़ गए हैं।

उस हार के बाद के आँसू,
जो बह गए हैं।

उन बुरे पलों और हालातों को,
जो सह गए हैं।

उन दीवारों में बसी यादें,
जो रह गई हैं।

उन माँ-बाप का साथ,
जिनका सिर्फ साया रह गया है।

उन दोस्तों का हाथ,
जिनके बस अधूरे वादे रह गए हैं।

उस किताब के पन्ने,
जो पूरे करने बाकी रह गए हैं।

उन उम्मीदों पर,
जिनपर खड़ा होना अभी बाकी रह गया है।

उस ज़िंदगी को,
जिसे खुलकर जीना बाकी रह गया है।

उन लोगों की सोच,
जिसे बदलना अभी बाकी रह गया है।

ज़िंदगी

एक पल तो यूँ ठहर के देख,
एक पल तो ज़रा अपनों को रुक के देख।

जो पीछे तुम सब छोड़ आए हो,
एक बार महसूस तो करो,
क्या कुछ तुम खो आए हो।

इस भागती ज़िंदगी में,
कितना कुछ कुर्बान कर आए हो।
तसल्ली से मुड़के देखो,
कितने पुराने सपने तुम भूल आए हो।

वक़्त तो गुजारो उनके साथ,
जिनकी वजह से तुम यहाँ खड़े हो।
उनके चेहरे पे मुस्कान देखो,
जब तुम वापस घर चले हो।

याद करो उन दोस्तों को,
जिनके बिना तुम अधूरे थे।
कैसे टूट गए वो सपने,

जो साथ निभाने के वादे किए करते थे।

इस 9 से 5 के चक्रव्यू में,
कैसे सिमट से गए हैं हम।
वो पुरानी ज़िंदगी को याद करके,
कभी-कभी रोया करते हैं हम।

काम की बड़ी कीमत है,
और समय हमेशा कम रहता है।
काश, फिर से उन यादों को ज़िंदा करके,
जी सकें हम।

उम्मीद

उम्मीद रखता हूँ, निभाना भी जानता हूँ,
दिल टूटने के दर्द का एहसास भी रखता हूँ।

पता है मुझे, सब समय का चक्रव्यूह है,
पर यह सोचकर पहले ही छोड़ दूँ, यह भी सही नहीं है ।

रिश्ते की ख़ासियत ही यही है–
मन से निभाओ, तो कोई उम्र नहीं होती,
और बेमानी से निभाओ, तो बस शाम तक की सेवा होती।

बुरे समय पर ही आपका असली रंग दिखता है,
अच्छे समय पर तो हर कोई अपना लगता है।

ज़िन्दगी बहुत लम्बी है, सहारा हर कोई चाहता है,
बस निभाने से ही इन्सान कहीं डर-सा जाता है।

इज़हार

सोचा कई दफ़ा कि कैसे इज़हार करूँ,
पर तुझे देखा तो ठहर-सा गया, सोचा क्या करूँ।

ना जाने ऐसा पहले कभी नहीं हुआ था,
शब्दकोश में जैसे कोई शब्द ही न मिला था।

एक शांति-सी छा गयी, मैं पत्थर-सा हो गया,
सोचा था बातें करूँगा, पर मदहोश-सा हो गया।

तुझको भी लगा होगा, मैं तो बहुत बोलता हूँ,
पर आज न जाने क्यों खामोश-सा हो गया हूँ।

कैसे समझाऊँ उसे, यह इश्क़ है जनाब,
हमें तो पहली बार हुआ है यह ख़्वाब।

ख़्याल

रात में ख्यालों का एक खेमा बैठता है,
आपस में करते हैं बातें, जैसे कोई मेला लगता है।

न जाने उस चाँद की रोशनी का जादू कहे या क्या,
कहने को चंद घंटे हैं, पर काफी लंबा लगता है।

सो जाएँ समय पर, तो आराम सा लगता है,
और आँख न लगे, तो कई बार उन ख्यालों के बोझ से डर लगता है।

रिश्ते

मिलते तो बहुत लोग हैं,
पर बिछड़ने का डर कुछ ही के लिए लगता है।
बात करने वाले बहुत होते हैं,
पर अपनापन कुछ से ही महसूस होता है।

वो दो शब्द प्यार से कह दें तो,
दिन सा खिल उठता है।
और उनकी गैरमौजूदगी में,
कुछ अधूरा-सा लगता है।

एक खाली-सा एहसास घेर लेता है,
जब वो आसपास नहीं होते।
क्योंकि कुछ ही रिश्ते होते हैं,
जो दिल से निभाने में अच्छे लगते हैं।

बाकी सब तो राहगीर बन जाते हैं,
जो ठहर जाएं, वही खास कहलाते हैं।

राज़

मैं ज़िक्र करूँ सबसे, कोई ख़ास है मेरे पास,
सब पूछते हैं – कौन है? एक राज़ है मेरे पास।

दुनिया सोचती है, किसने मेरा दिल जीता,
कैसे बताऊँ उन्हें – है कोई,
जिसके साथ हर खुशी और हर दुःख का पल बीता।

रास्ते में मिले हज़ारों की भीड़ में,
दिल बस उसी से रौशन है,
उसके साथ हर लम्हा अज़ीज़ है,
एक सुकून है जब वह मेरे करीब है।

वजूद

ज़िंदगी की भागदौड़ में कुछ ऐसा उलझ गया,
मैं कौन था – ये कहीं भूल गया।

किसी और के लिए, किसी और सा बन गया,
अपने ही अस्तित्व को खोता चला गया।

मिले बहुत से लोग इस सफर में,
पर खुद से – खुद का साथ छोड़ता चला गया।

क्या बनना था, और क्या बन गया,
जो नहीं चाहता था, बस वही रह गया।

मैं कौन हूँ, क्या था, कैसा था –
अब बस यही सोचता रह गया।

देखो, वक्त के इस चक्र में ज़िंदगी कैसे निकल गई,
न खुश हुआ, न किसी को खुश कर पाया।

पर दुविधा के इस दौर में,
क़िस्मत कुछ यूँ मेहरबान हो गई।

ज़िंदगी के इस खेल में,
एक नया सफर मेरे नसीब में लिख गई।

अब देखना है, इस राह में क्या मोड़ आता है,
क्या पता – क़िस्मत की लकीरों में,

खुद से फिर खुद को जोड़ने का कोई बहाना आ जाता है।

Dream

I saw you in my dream,
one of the dreams I rarely remember,
because it's my dream, so my story.
I saw you peeping into the library
through the window at the corner.
And how would I know that
I was the one you were looking at?
Because I said no—my dream, my story.
You stood there for a while,
mustering something to yourself
and then you went back.
And came after some time.
You came with your books
and sat just next to me.
You started studying and after a while,
you glanced at me, and
the moment you were about to say something,
I heard some tune and woke up.
I took a shower, had breakfast,
and left for library.

Guess what—I found myself
peeping into the room
through the window,
where that girl was sitting,
and she noticed me.
I came back with my books
and sat next to her,
but I didn't say anything
and just laughed, said to myself,
hey, I saw you in my dream!

Letter

I miss our old rides,
lying our own made kites,
those little chocolate bites,
all our silly cousins' fights.

I miss running after butterflies,
waving to planes flying in skies,
staying together in lows and highs.
I miss those nukkad wali chais,

I miss the old street games,
seeing relationship status through flames,
giving weird and funny names,
how everyone called us insane.

I miss the sand castles we built,
all of us sneaking under one quilt,
doin' wrong and then feeling the guilt,
everyday was very lit.

I miss the glasses that we broke,
how poor English we used to spoke,
our favourite movies with dear coke,
laughs we shared on each joke.
I miss those days when we were close.

I miss all the bets we made,
how we consoled on poor grades,
memories that could never fade,
It's been more than a decade.

I miss the phase we all had together,
without wasting any time further,
let's meet again for something new and better,
I wrote this in my final letter.

School

A place where we spent more than half of our life,
where many had met their first crush, husband and wife.

Cried on the first day,
Cried on the last day.

Journey which became a major part,
Memories and laughter that will always last.

Second family was found here,
Break up, fights, big promises were all here

Scenes, jokes and embarrassing moments,
Sharing movies, games downloaded from torrent.

A phase that taught us a lot,
All those good and bad grades we got.

First ground we played on,
Many matches that we won.

First fight,
Love at first sight,
All happened right here.

From the 26 letters to our first love letter,
The feeling of topping the school which could not be more better.

It was just not studies,
It was ocean of emotions and our forever chuddy buddies.

It was not just school,
It was a life that was passed with sweet shitty fools.

www.ingramcontent.com/pod-product-compliance
Lightning Source LLC
LaVergne TN
LVHW022031200926
848481LV00007B/2641

* 9 7 9 8 9 0 0 8 1 9 5 7 0 *